Kerstin Stefanie Rothenbächer

Hand in Hand

Dieses Buch widme ich

Helga und Helmut

*Gute Menschen machen die Welt
noch schöner!*

Copyright © 2019
Kerstin Stefanie Rothenbächer
Herstellung und Verlag:
BoD - Books on Demand, Norderstedt

Bibliografische Information der Deutschen Nationalbibliothek
Die Deutsche Nationalbibliothek verzeichnet diese Publikation in
der Deutschen Nationalbibliografie; detaillierte bibliografische
Daten sind im Internet über http://dnb.d-nb.de abrufbar.

ISBN 9-783750-419872

Mein Traum

Ich hatte einen Traum.
Du warst hier,
warst lieb und nett
und das zu mir.

In meinem Traum
waren wir glücklich.
Allein wir beide,
nur Du und ich.

Dieser schöne Traum
verfolgt mich noch.
Du, süßer Moment,
vergehst ja doch.

Jetzt rufst Du an,
ich glaube es kaum,
und nennst mich
süßer, wahrer Traum!

Irgendwann

Als ich Dich traf
und Deine Augen sah,
wusste ich gleich,
wir kommen uns nah.

Ein Traum aus Gold
und Edelstein
war dann endlich
mir allein.

Ein stürmisches Meer,
ein wilder Ozean
riss mich mit
in seinen Bann.

Fesseln zerbrachen
wie Ketten verbinden.
Wir beide werden
zusammen verschwinden.

Nichts ist verboten
für immer und jetzt,
wir haben schon alle
Regeln verletzt.

Als wir uns trennten,
waren wir froh.
Wir sehen uns wieder
irgendwann, irgendwo.

Hilf mir

Hilf mir dabei,
meine Probleme zu lösen
und mich zu verbessern.

Hilf mir dabei,
meine Träume zu verwirklichen
und sie niemals sterben zu lassen.

Hilf mir dabei,
meine Tränen zu trocknen
und wieder glücklich zu sein.

Hilf mir dabei,
meine Fehler zu akzeptieren
und nicht zu den Sternen zu greifen.

Hilf mir dabei,
Deinen Augen zu glauben
und Dich zu verstehen.

Wenn Du das nicht kannst,
dann hilf mir dabei,
Dich zu vergessen.

Zu Dir

Zähle die Stunden bis zu Dir,
kann nicht mehr warten.
Alles, was um mich geschieht,
kann ich nicht erraten.

Nehme nichts mehr wahr,
denke ganz allein an Dich.
Verlier den Boden unter mir,
nein – ich vergesse Dich nicht.

Sehne mich hin zu Dir,
doch es dauert zu lang.
Bis ich Dich wieder sehe,
bis ich Dich lieben kann.

Träume mit offenen Augen
von Deiner Zärtlichkeit.
Ich möchte Dich behalten
immer und allezeit.

Das Schiff

Schiff auf dem Wasser,
es segelt hinfort
weit weg von mir
an einen fernen Ort.

Schiff meiner Hoffnung
ist nicht mehr zu sehen.
Ich weiß nicht, warum.
Ich kann es nicht verstehen.

Schiff meiner Tränen
in jedem Augenblick.
Und ich weiß es genau,
es kommt nie zurück.

Schiff meiner Liebe
läuft nie mehr bei mir ein.
Mein Herz ist zerbrochen
und wird es immer sein.

Trauminsel

Schließ Deine Augen
und lass Dich treiben.
Genieße die Stille,
lass die Gedanken bleiben.

Lass Dich fallen
in meinen Arm hinein.
Das wird der Anfang
von reiner Liebe sein.

Handle spontan
und vergiss Deine Pflicht.
Verbote und Tabus
gibt es hier nicht.

Herz vor Verstand
nur Gefühle zählen.
Bist Du dafür,
wirst mich erwählen.

Eins

Zwei Herzen,
die nur sich suchen.
Zwei Herzen,
die ihre Trennung verfluchen.

Zwei Seelen,
die den Himmel wollen.
Zwei Seelen,
die einsam sein sollen.

Zwei Herzen,
die auf verbotenen Wegen gehen.
Zwei Herzen,
die sich so gut verstehen.

Zwei Seelen,
die sich nie finden.
Zwei Seelen,
die einfach verschwinden.

Zwei Herzen,
die sich lieben.
Zwei Herzen,
die sich nicht kriegen.

Da ist Glück

Da ist ein Licht
so tief in meinem Herz.
Es leuchtet für Dich
schon seit vorletztem März.

Da ist ein Stern
in meinen Augen.
Ihn zu zerstören würde
ich mir nie erlauben.

Da ist ein Lächeln
auf meinen Lippen.
Und es hört nie auf,
Dich anzutippen.

Da ist ein Zittern
in meiner Stimme.
Verliebt aber
entschlossen für immer.

Da ist ein Herz,
das ich verschenkt.
Nur aus Liebe,
wie Du Dir denkst.

Leer

Ich bin so traurig,
ich weine so sehr.
Meine Sorgen sind viel,
mein Herz ist leer.

Mich quält Deine Nähe,
Dein jetziges Glück.
Ich denke an meines,
an früher zurück.

Ich habe alles verloren,
was mir wichtig ist.
Doch ich ließ Dich gehen,
so lieb Du auch bist.

Du hast Deine Liebe,
das allein zählt.
Und ich sterbe elend,
weil mir meine fehlt.

Manche Fehler

Du richtest mich auf,
gibst mir wieder Mut.
Ich beginne neu
und das tut so gut.

Du lässt mich vergessen,
wie ich gelitten hab,
bringst mich zum Verzeihen,
alles, was er tat.

Du lässt mich wieder lachen,
lässt mich, wie ich bin.
Zu Dir, zu Deiner Nähe
zieht es mich so hin.

Du versprichst mir Wärme,
Schutz und Zärtlichkeit.
Doch der Weg zu Dir
ist für mich so weit.

Mein Herz zieht zu Dir
und ich werde weich.
Manche Fehler macht man zweimal
Du machst es mir leicht.

Traumhaft

In Sehnsucht verweilen
und doch voller Glück.
Mit viel Ekstase,
ich will nicht mehr zurück.

Mit Gedanken schweben
zu Mond und Mars.
Auf dem Kurs zu Dir
es macht so viel Spaß.

Tief in Zärtlichkeit
Deine Lippen spüren.
Ich lass mich hemmungslos
von Dir verführen.

Nur mit Gefühl
fängt Liebe an,
bis ich Dich
endlich spüren kann.

So kalt so leer
so ohne Dich.
Du bist ja nur
ein Traum für mich.

Regen

Der Regen spült sie weg
meine Tränen.
Mag es nur nie
wieder hell werden.

Du sollst es nicht sehen
mein verletztes Herz.
Du sollst nicht
darin lesen können.

Wie ich fühle,
wie Du mich quälst,
wie Deinetwegen
alles leer in mir ist.

Deine Augen
wie sehr ich Dich vermisse.
Deine Zärtlichkeit
so fern von mir.

Es hat aufgehört
zu regnen.
Auch in meinem Herz
Du bist wieder da!

Im Traum

Die Wirklichkeit,
das ist mein Feind.
Nichts ist so schön,
wie es oft scheint.

In Träumen
werden Wünsche wahr.
Deshalb verweile
ich meistens da.

Die Wirklichkeit
ist oft so kalt.
Vieles wird so
schnell schon alt.

In Träumen
gibt es immer Licht.
In Träumen
vergeht die Liebe nicht.

Die Realität
ist nicht mein Ding.
In Träumen
bleibe ich ein Kind.

Prinzen werden
in Träumen geboren.
Wie kommst Du
in die Wirklichkeit?

Wegen Dir

Um Deine Wärme
muss ich nicht flehen.
Um mein Herz
ist es längst geschehen.

Um Deine Treue
muss ich nicht bangen.
Mein Leben musste
neu anfangen.

Um Deine Zärtlichkeit
nicht zu verlieren,
würde ich vor
Deiner Tür erfrieren.

Um Dich zu behalten
für jeden Tag,
gäb ich mein Leben,
nur weil ich Dich mag.

Um bei Dir zu sein
und Dir zu gehören,
ließ ich mich foltern
und mich zerstören.

Um Dir meine Liebe
zu beweisen,
würde ich
die ganze Welt bereisen.

Nur wegen Dir
lass ich alles liegen.
Und das alles nur,
um Dich zu lieben.

Jeden dieser Wünsche

Jede dieser Nächte
alleine ohne Dich
bedeuten Trauer
und Tränen für mich.

Jeder dieser Tage
verbracht in Einsamkeit
was führte uns nur,
trennte uns so weit?

Jeder dieser Träume
würde niemals für mich wahr.
Wie wundervoll es wäre,
wärst Du wieder da.

Jeder dieser Küsse
verbrennt in meinem Herz.
Nun muss ich sie missen,
Du bringst mir nur Schmerz.

Jeder dieser Eide
Lüge um Lüge an mich.
Doch meine Sehnsucht ruft:
ich liebe Dich!

Teile mit mir

Ich bin da,
um Deine Sehnsucht zu stillen.
Hier bei Dir,
um Deinen Traum zu erfüllen.

Ich bleibe,
um Dich zu verstecken.
Für ein ganzes Leben,
um Dich zu entdecken.

Teile mit mir
eine Liebe ein Leben lang.
Sag ein Wort
und ich folge Dir dann.

Ich wünsche,
Dich auf Händen zu tragen.
Weit fort
von Deinen Sorgen und Plagen.

Ich liebe es,
mit Dir zu leben.
Ich lebe,
um Dir meines zu geben.

Jedes Mal

Jedes Mal, wenn ich es sehe,
wie sie Deine Augen sieht,
glaube ich, dass ich vergehe,
weil es nur Dich für mich gibt.

Jedes Mal, wenn ich es fühle,
was sie Dir entgegen bringt.
Was treibt sie nur für Spiele?
Meine Hoffnung sinkt und sinkt.

Jedes Mal, wenn ich Dich küsse,
hat sie gegen mich verloren.
Dein Herz kittet meine Risse,
hab mich gegen sie verschworen.

Jedes Mal, wenn ich Dich liebe,
weiß ich, Du liebst mich so sehr.
Mein Herz fühlt doch ihre Hiebe,
doch ich geb Dich niemals her.

Ich will Dich

Ich will Dich besitzen
für mich ganz allein.
Du sollst für immer
und immer bei mir sein.

Ich will Dich beschützen
und ganz fest halten.
Und meine Liebe
wird nie erkalten.

Ich will Dir gehören
und immer zu Dir stehen.
Ich will Dir treu sein
und Dich verstehen.

Ich will Dich lieben
und lass Dich doch frei.
Kommst Du zurück
gibt es nur noch uns zwei.

Du tust so gut

Es ist so schön,
Dich zu gewinnen,
Dich niemals wieder zu verlieren.

Es tut so gut,
neu zu beginnen
und niemals wieder zu erfrieren.

Es ist so schön,
Dich zu berühren,
Hand in Hand mit Dir zu gehen.

Es tut so gut,
Wärme zu spüren,
einander stets beizustehen.

Es ist so schön,
die Zeit mit Dir.
Immer wieder nur
Dich und mich.

Es tut so gut,
alle Tage alle Nächte
ich liebe und liebe nur Dich.

Sehnsucht

Dich suche ich
in meinen Träumen,
zu Dir will ich fliehen.

In Dir liegt
meine Stärke,
gebe mich Dir hin.

Du bist es,
der mich verzaubert.
Ein ganzes Herz voll Magie.

Deine Hände
in meinen
erreichen die Sehnsucht nie.

Meine Welt ist
in Deiner Liebe,
erfüllt sich in Deinem Leben.

Mein einziger Wunsch,
Dich nur Dich kriegen,
dafür würd ich alles geben.

Wärme

Es gibt jemanden,
der mich zum Lachen bringt,
wenn ich weinen müsst.

Jemanden,
der in Dunkelheit mich
festhält und mich küsst.

Es gibt jemanden,
der meine Sorgen teilt,
der mir zuhören kann.

Jemanden,
der mir die Treue hält,
ich glaube fest daran.

Es gibt jemanden,
der in mich sieht
hinter mein Ich.

Jemanden,
der mich einfach liebt
genauso wie ich Dich.

Ich wünsche mir

Ich wünsche mir ein Herz aus Gold,
es schlägt für mich allein.
Mit seiner Liebe werde ich
niemals einsam sein.

Ich wünsche mir die Sterne vom
Himmel auf die Erde.
Der Zauber lässt mich ganz
romantisch werden.

Ich wünsche mir ein Liebeslied
für mich.
Voll Gefühl und Leidenschaft
ist mein Licht.

Ich wünsche mir, Deine einzige
Liebe zu sein.
Zu viele Träume,
denn ich bin allein.

Ich bin frei

Ich bin frei.
Endlich habe ich
Dich abgeschüttelt.

Ich bin frei.
Habe mich selbst
wieder gefunden.

Ich bin frei.
Meine Freunde
waren nie die Deinen.

Ich bin frei.
Neues Leben
aus alten Träumen.

Ich bin frei.
Frei von Dir.
Frei für ihn.

Ich bin Dein

Du lächelst mich an,
Dein Foto in meiner Hand.
Mir wird so warm,
ich habe mein Glück erkannt.

Du zwinkerst mir zu,
in meinem Kopf sehe ich nur Dich.
Jede Faser von Dir
erstrahlt in hellem Licht.

Du beherrschst meine Nacht,
schlaf gar nicht mehr ein.
Wie wunderbar das ist,
immer bei Dir zu sein.

Du hast meine Liebe
und doch bist Du nicht da.
Ich hoffe so sehr,
es wird wieder wahr.

Besiegelt und verborgen

Mein Licht am Ende des Tunnels.
Mein Sternenschein in finsterer Nacht.

Wie Blumen in der Wüste
wie starke und sichere Macht.

Mein Lachen unter all den Tränen.
Mein ruhender Pol in meinem Stress.

Wie feiner Samt auf meinen Wunden.
Wie Zukunft im verzweifelten Jetzt.

Mein Traum in schlafloser Nacht.
Mein Leben, wie es sein muss.

Du hältst es fest in Deinen Händen,
besiegelt und verborgen in Deinem
Kuss.

Ich suche Dich

Ich suche Dich
Deine Blicke sind leer.
Auf unseren Wegen
find ich Dich nicht mehr.

Du fehlst mir,
Deine Hände sind kalt.
Ist unser Lied
denn schon verhallt?

Ich träum von Dir,
will die Wahrheit nicht sehen.
Alles, was geschieht,
kann ich nicht verstehen.

Du bist da,
doch nicht wirklich bei mir.
Wie lange schon
bist Du nicht hier?

Ich suche Dich,
bemühe mich so sehr.
Und mir wird klar:
Dich gibt es nicht mehr.

Nur um Dich zu berühren

Nah am Himmel
weiter komme ich nicht.
In meinem Kopf
sehe ich nur Dich.

Hinter die Sterne
wo Du die Wahrheit bist.
In meinem Blut
all dein Zauber ist.

Größer als Bäume -
ich fliehe mit Dir.
In meiner Treue
ich bin immer hier.

Unter die Haut
wenn nur eines zählt.
In meinen Träumen
es ist alles, was fehlt.

Vor der ganzen Welt
Du weißt, wer ich bin
In meinen Tränen
gibt es einen Sinn.

Für meine Ewigkeit
niemals will ich verlieren.
In meinem Herzen
nur um Dich zu berühren.

So schön

Ich fühle es noch,
Du platzt in mein Leben.
So schön hat es mich
noch nie gegeben.

Ich halte es fest,
das Glück in meiner Hand.
Ein solches Verlangen
habe ich nie gekannt.

Ich bewundere Dich,
Dein Zauber ist mir allein.
Alle meine Wünsche
werden Wahrheit sein.

Ich träume von Dir
jeden Tag, jede Nacht.
Und was für ein Jammer!
Ich bin aufgewacht.

Mit Deiner Liebe

An Deine Liebe zu glauben
voll Herz und Leidenschaft.
Für Dich alles ertragen
und es gibt mir Kraft.

Für Deine Liebe zu kämpfen
mit Mut und in Ewigkeit.
Du bist so viel für mich,
die Stärke und Zärtlichkeit.

Auf Deine Liebe vertrauen,
ich glaube an Dich.
Berge und Schluchten für uns,
nicht zu viel für mich.

In Deiner Liebe leben.
Mein Traum ist Wirklichkeit.
Du bist mein helles Licht
in jeder Dunkelheit.

Ich bin mit mir allein

Wenn die Kerzen erlöschen
und die Nacht nicht vergeht.
Ich bin mit mir allein,
es ist alles verdreht.

Wenn meine Welt zerfällt
und der Tag nicht kommen will.
Ich bin mit mir allein
und in mir ist es so still.

Wenn ich meinen Weg verlasse
und dann bin ich verloren.
Ich bin mit mir allein,
nie hab ich so gefroren.

Wenn meine Tränen verbrennen
und mein Herz zerbricht.
Ich bin mit mir allein
und Du bist es nicht.

Sing mir ein Lied

Sing mir ein Lied,
dass meine Tränen vergehen.
Könnte ich doch nur
die Sonne wieder sehen.

Erzähl mir ein Märchen,
dass es die Wolken vertreibt.
Hier, wo mir nichts
als Dunkelheit bleibt.

Entzünde eine Kerze,
dass mein Herz endlich taut.
Sende Licht in die Welt,
vor der mir so graut.

Schenke mir einen Traum,
dass ich leben kann.
Mit Deiner Hand
fängt alles wieder an.

Ins Dunkel

Die Welt ist ein Schatten.
Kein Licht ist zu sehen.
Ich habe mich verloren,
kann keinen Schritt gehen.

Der Nebel ist dicht.
Trauer hüllt mich ein.
Ich habe mich geirrt,
will nicht alleine sein.

Der Regen ist so ewig.
Alle Wärme ist weg.
Ich habe mich vergraben
in meinem Versteck.

Die Nacht ist ein Monster.
Kein Stern scheint für mich.
Ich habe nur geträumt
und ich verlor Dich.

Alles, was ich will

Ich warte hier
so fern von Dir
wenn alles, was ich will, bist Du.

Ich träume nur
Du und ich pur
alles, was mir fehlt dazu.

Ich fühle mich
rein in Dich,
wenn alles in mir ist leer.

Ich rufe nach Dir
kein Echo zu mir
wenn alles Schöne ist so lang her.

Ich lebe dafür
finde zu Dir
märchenhaft für mich.

Ich liebe so sehr
geb Dich nicht her
mein ganzes Herz für Dich.

Mein Himmel brennt

Alles, was ich sehe,
ist dein Licht:
strahlend und schön
ist es für mich.

Alles, was ich will,
ist dieser Moment
Sieh nur,
wie mein Himmel brennt.

Wie gern würde
ich mich fallen lassen,
mit Dir fliegen ohne Ziel.

Die Wahrheit
lässt sich nicht verstecken,
wird es mir auch zu viel.

Alles, woran ich glaube,
ist diese eine Nacht,
als wäre sie
nur für uns gemacht.

Alles, was ich fürchte,
sind die Tränen danach.
Und ich weiß,
sie halten mich ewig wach.

Du gehst vorbei

Du gehst vorbei
und alle Blicke folgen.
Doch Deine Augen
können es nicht sehen.

Dein Licht strahlt
und jeder staunt.
Doch Du kannst
es nicht verstehen.

Deinen Turm kann
niemand bezwingen.
Du lässt die Welt
nicht zu Dir rein.

Du kämpfst allein
und gegen jeden.
Du willst nie
mehr traurig sein.

Deine Flügel sind
verloren gegangen,
so lange hast Du
sie ignoriert.

Du flüchtest nur
von Tag zu Tag
und so bist Du es,
der verliert.

Du gehst vorbei
und alle Blicke folgen.
Ich kann in
Deine Augen sehen.

Deine Glut kann
wieder Feuer werden.
Ich bin da -
ich werde nicht gehen.

ER

Er war stark
und fest hielt sein Arm.
Er war mein
und machte mein Herz warm.

Treu war sein Herz,
lieb seine Zärtlichkeit.
Auf seinen Händen
trug er mich so lange Zeit.

Grüne Augen, die seinen,
machten mich verliebt.
Die große Liebe,
die es für mich gibt.

Er war verlässlich
und hatte viel Humor.
Ich traf niemals
einen solchen Mann zuvor.

Verdammt, zu warten.
Verdammt, traurig zu sein.
Er hatte seinen Spaß
und ich bin allein.

Hand in Hand

Durch dunkle Täler
durch Wüstenland
doch alles Leid ist nun gebannt.

Durch arme Zeiten
durch die Hölle gehen,
nur weil wir uns verstehen.

Für geheime Träume,
für unser Glück,
nie schauen wir zurück.

Für wahre Liebe,
für jede Zärtlichkeit
das schaffen wir zu zweit.

Mit aller Kraft
mit uns Hand in Hand
Traurigkeit ist nun verbannt.

Mit meinem ganzen Herz
mit – und nur – mit Dir
so verliebt sind nur wir.

Mein Held

Ich träume mich
in Deine Arme hinein
und ich weiß,
es sollte so sein.

Ich fliege hoch
in den Himmel für Dich.
Doch die Sterne
spenden kein Licht.

Du träumst nicht
von uns und von mir.
Du weißt es,
was ich will von Dir.

Du fliegst hoch,
doch der Engel fällt.
Stiehlst meine Liebe
und Du warst mein Held.

Magie

Du triffst mein Herz,
siehst in mich hinein.
Ich bleib bei Dir,
lass Dich nicht allein.

Du sprengst meinen Kopf,
gehst mir nicht aus dem Sinn.
Ich halte Dich im Arm,
nur da gehöre ich hin.

Du stiehlst Dich in meine Seele,
bei Dir fühl ich mich gut.
Du erfüllst meine Träume,
machst mir immer Mut.

Dich will ich für immer
an Deiner Seite stehen.
Du bist meine Sonne,
ich lass Dich nicht gehen.

Wenn die Engel fallen

Wenn die Engel fallen
und niemand fängt sie auf.
Wenn meine Tränen fließen
und kein Lächeln folgt darauf.

Wenn der Tag nicht kommt
und die Dunkelheit vertreibt.
Wenn meine Träume enden
und nichts als Sehnsucht bleibt.

Wenn die Sterne verlöschen
und niemand nimmt es wahr.
Wenn nichts richtig ist,
was mir so wichtig war.

Wenn der Anfang das Ende ist
und wir schauen nur zu.
Wenn jede Wahrheit Lüge ist
und Liebe bist nicht Du.

Du bist in meinen Träumen

Du bist in meinen Träumen.
Ich schlage die Schlacht für Dich.
Will keinen Moment versäumen,
Du bist die Welt für mich.

Ich bewahre die Zeit mit Dir
in meinem Herzen fest.
Was machst Du nur mit mir,
was Gold erblassen lässt?

Dich will ich glücklich sehen,
Tränen schicke ich fort.
Du sollst auf Rosen gehen,
Sonne an Deinem Ort.

Ich gebe Dir meine Hand
wie schön ist es für mich.
Und ich habe erkannt,
Du fühlst genau wie ich.

Du bist nicht Du

Du baust Deine Träume
um mich herum.
In meinen Nächten bist Du stumm.

Du liest meine Wünsche
und machst sie wahr.
In meinen Armen bist Du starr.

Du trägst mich sicher
durch meine Welt.
In meinen Gedanken fehlt mein Held.

Du zauberst mir
meine Tränen fort.
In meinem Herzen brennt Dein Wort.

Du gibst Dich mir selbst
Dein ganzes Ich.
In meinem Leben bist Du nicht.

All die Tränen

All die Traurigkeit in mir drin,
wie sehr ich sie auch verflucht.
Kein Jahr möchte ich tauschen
- so lange hab ich gesucht.

All die Steine auf meinem Weg.
Ich fiel und ich schlug auf.
Keinen Tag möchte ich vermissen
- ich nehme es gern in Kauf.

All die Wolken an meinem Himmel,
der viele Regen in meinem Blick.
Keine Stunde möchte ich verlieren
- ich will nicht mehr zurück.

All die Narben auf meiner Seele
und immer noch stehe ich hier.
Keine Sekunde war umsonst
- denn es führte mich zu Dir!

Ich und Sie

Ich sehe Dich
an ihrer Hand
und es raubt mir den Verstand.

Dein Blick fängt
meine Augen ein
und doch steh ich hier allein.

Sie lacht und
sie weint mit Dir,
es löscht alles aus in mir.

Du gehst vorbei
und schon bin ich vergessen,
kann mich nicht mit ihr messen.

Sie ist Deine Liebe,
Dein Traum war ich,
doch in die Wirklichkeit schaff ich es
nicht.

Ich wünsche Dich
in mein Leben rein,
doch da wirst Du niemals sein.

Ich sehe Dich an

Ich sehe Dich an
und mir wird warm.
Ich fange Feuer bei Dir.

Ich fühle Dich nah,
das ist mein Glück.
Du gehörst zu mir.

Ich sehe Dich an
und will Dich so
wie am ersten Tag.

Ich schwärme von Dir,
mein Gefühl für Dich
ist unglaublich stark.

Ich sehe Dich an
und weiß genau,
mehr brauche ich nicht.

Ich sage es Dir
von Herzen
so sehr liebe ich Dich.

Novemberschrei

Dunkelheit verhüllt die Nacht,
deshalb bin ich aufgewacht.
Aus dem Fenster hab ich gesehen
Nebel, in dem Gestalten gehen.

Schwarze Augen, die laut schreien
und ich bin hier ganz allein.
Deine Lügen bleiben in meinem Herz,
ich könnte fast sterben vor Schmerz.

Du löschtest alles in mir aus,
kommst nie mehr nach Haus.
Meine Seele ist vor Sehnsucht
zerbrochen,
so geht es mir schon seit Wochen.

Träume, die von Dir erzählen
und die jede Nacht mich quälen.
Bist Du erst aus meinem Leben,
wird es von mir nichts mehr geben.

Der Weg zu Dir

Der einzige Weg zu Dir,
alles müsste ich geben.
Nur um mit Dir zu sein,
mein ganzes jetziges Leben.

Meine Freunde teilen nicht
den Weg, der zu Dir führt.
Allein müsste ich ihn gehen,
auch Heim gäb ich dafür.

Tränen liegen auf dem Weg,
Sehnsucht, Einsamkeit.
Manchmal scheint es mir sehr nah,
ein anderes Mal sehr weit.

Du wärst mein Ziel,
der einzige Weg für mich.
Diesen Weg zu gehen
tue ich nur für Dich.

Du drehst Dich um

Du drehst Dich um
und ich steh allein.
In Deiner Nähe
wollt ich für immer sein.

Du lässt meine Hand los
und mir wird so kalt.
In Deinen Armen
hab ich so sehr gestrahlt.

Du gehst Deinen Weg
weit fort von mir.
In Deiner Zukunft
gibt es kein Wir.

Du nimmst sie mit
all die schöne Zeit
und ich verlier
meine Wirklichkeit.

Du drehst Dich um
und ich sehe klar:
In meinem Traum
bist Du noch da!

Und ich spüre es in mir

Und ich spüre es in mir
wie es mich erfüllt.
Kein Blitz
ist heißer als Dein Bild.

Und ich liege wach
und doch träume ich.
Kein Stern
strahlt heller für mich.

Und ich sehne Dich herbei,
meine Ungeduld ist groß.
Kein Wiesel
ist so ruhelos.

Und ich ruf dich an,
um Deine Stimme zu hören
Kein Zauberer
kann mich so betören.

Und endlich treffe ich Dich
und sehe Dich an.
Kein Wunder,
denn Du bist mein Mann!

Musik

Musik sind leise Klänge,
Worte, die nur schmeicheln,
die vorgeben,
dass Hände mich streicheln.

Musik sind Melodien
voll Traum und Wirklichkeit,
vertreiben die Gedanken,
vertreiben mir die Zeit.

Musik ist Romantik
und auch Melancholie.
Traurige Takte
in mir vergehen nie.

Musik ist ein Gefühl,
die Wärme in mir drin
und sie verspricht,
dass ich nie mehr einsam bin.

Nur noch Du und ich

Keine schlimmen Träume,
keine Enttäuschung,
keine neue Träne
und Du weißt, warum.

Keine stille Sehnsucht,
niemals mehr Goodbye,
keine geheimen Wünsche,
das ist jetzt vorbei!

Keine traurigen Lieder,
keine Sentimentalität,
nie mehr muss ich hoffen,
es ist nicht zu spät.

Keine brechenden Herzen,
nur noch Du und ich
und wir beide glauben
an Ich liebe Dich.

Aktuelle Gedichte und weitere Bücher
findet Ihr unter

www.rothenbaecher.net

Auf Wunsch erhaltet Ihr Euer Buch auch
signiert.

Viel Spaß beim Lesen!